LE SCRIBE

ISBN 2-9806764-3-8

Dépôt Légal
Bibliothèque nationale
du Québec

Dépôt Légal
Bibliothèque nationale
du Canada

Le Scribe est publié deux fois par année.

Troisième trimestre 10/01

Merci

Merci aux Services aux étudiants pour leur écoute attentive envers *Le Scribe*. / Merci à l'AGE pour son intérêt dynamique et son support encore une fois plus que bienvenus. / Merci aux scribes du *Scribe* pour leur confiance en ce projet éditorial. / Merci à Sylvain pour son dévouement sans limite envers *Le Scribe* et la B.D. au Québec. / Merci à Lawrence pour sa disponibilité. / Merci à Ronan pour les posters promotionnels. / Merci à ma famille et mes amis pour mon dernier été de vacances au Saguenay. / Finalement, merci à tous ceux qui ont de loin ou de près contribué à ce que cette revue puisse encore nous émerveiller.

Parutions antérieures

Volume 1

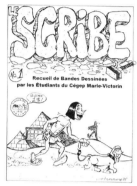

n° 1

n° 2

n° 3

Volume 2

n° 1

n° 2

n° 3

Préface

Miaou Miaou Miaou
Miaou, préface, Miaou Miaou
Miaou Scribe Miaou Miaou
Miaou Miaou Miaou quatrième
Miaou Miaou Bravo Miaou
Miaou Miaou encore Miaou
Miaou Miaou Miaou Miaou
étudiants Miaou étudiantes Miaou
Miaou Miaou université Miaou
Miaou Outaouais Miaou Miaou
Miaou bonne chance Miaou
Miaou Miaou bonne lecture
Miaou!

Jules, chat de
Sylvain Lemay, Professeur.

Université du Québec
à Hull

«IL FAUT RÉVEILLER LA BÊTE QUI DORT EN SOI !»

Présentation

Rara avis in terris

Gladiateur romain de l'Antiquité, le bestiaire combattait de ses mains les bêtes féroces. Le terme désigna par la suite un ouvrage d'iconographie, un poème ou une fable sur les animaux de la Terre ou sur les bêtes légendaires.

Réclamons l'émancipation des animaux et autres bêtes légendaires ! Remettons-les à la place qu'ils méritent, comme le firent Apollinaire, Jean de la Fontaine, les astrologues chinois et les Égyptiens. Sous le thème du Bestiaire, Le Scribe monte dans la Grande Arche des œuvres faites en honneur aux bêtes. Il n'y a pas de quoi fouetter un chat ! direz-vous. Attendez ! Ce Scribe nous révèlera peut-être de nombreux oiseaux rares du neuvième art.

Aujourd'hui, le bestiaire est une bande dessinée, hommage à l'animal et autres êtres non-humains. Remarquez que les extra-terrestres, bien qu'ils ne soient pas humains, ne sont pas nécessairement considérés comme des bêtes, même imaginaires. Peut-être le sont-ils, humains ? Mais, chose certaine, ils ne sont pas terriens. Mais ça, c'est une autre histoire !

L'idée du bestiaire m'a donc mis la puce à l'oreille. La tentation était grande de reprendre mon scénario pas mal cochon sur le Marquis de Sade prévu pour Le Scribe III. J'hésitais aussi, car j'imaginais mal Monsieur l'Orateur (Le Scribe II) seul et muet comme une carpe, sans suite. Mes scénarios finirent alors en queue-de-poisson.

Je n'ai rien fait dans ce numéro, j'ai eu le cafard (tient, à propos, il me semble avoir vu un projet du cancrelat* dans la pile de suggestions de bédés). En me coupant la queue-de-cheval, je perdis l'inspiration, tout comme Samson perdit la force. « Faute de grives, on mange des merles » ; ce texte est ma contribution.

Mais enfin, assez parlé de moi !

Mesdames, mesdemoiselles et messieurs ! Place au spectacle, place au cirque des scribes, place aux lions, chevaux et éléphants !

*bon d'accord, elle est « blatte » la joke !

Nicholas lescarbeau

Production

Redacteur en chef
Pierre Savard (p.s@moncourrier.com)
(819) 770-2947 / (418) 547-9586

Dessin de couverture
Victor Brideau

Graphisme
Lawrence Gagnon

Production et montage
Pierre Savard / Lawrence Gagnon

Publicité
Frédérick Lavergne (fredmagoo@hotmail.com)
(819) 770-1727 / (819) 776-7170

Collaborateurs
Ronan Bonnette / Victor Brideau
Jérôme Mercier / Yann Mongrain

Trésorier / Distribution
Nicholas Lescarbeau
(819) 776-6836

Table des matières

LMROB	La Meilleure amie de l'homme	p. 15
Jérôme Mercier	Le Canada c'est le plus meilleur pays au monde	p. 37
Sylvain Lorgeou	Vie d'Ixodidés	p. 43
Frédérick Lavergne	Le Rat	p. 55
André St-Georges	Le Lemming	p. 67
Guillaume Juneau	Le Donjon of Doom	p. 75
Martin Balcer	La Course pour l'intelligence	p. 65
Amon Joris	Le Bestiaire des Dieux	p. 77
Edmond Baudoin	Frankeinstein version 2001	p. 115
Ronan Bonnette	La Biographie non-autorisée de Joe Poisson	p. 117
Maco	L'Oiseau	p. 131
Jean-Sébastien Bérubé	Animalosophie	p. 135
Victor Brideau	Le Cocu	p. 141

Editorial

Cette fois-ci pour ses mains,
Il fait confiance à ses instincts.

Il réfléchit à une thématique
Qui ne lui est problématique.

En effet, c'est inné chez lui,
Il y fait un retour par envie.

Qui aurait cru à telle entreprise?
Quelques primates ne lâchant prise!?

Mettez-y des animaux totems
Et Le Bestiaire pour thème.

Voilà une idée qui enfante des petits,
La naissance d'un animal qui crie.

Toute une mythique série d'images,
Des fresques aux concepts sages.

Des grognements sont aussi de mise,
Tel le tison originel que l'on attise.

Des échos de récits dans une caverne
Où des histoires se forment sous l'alcool fontaine.

Autour du précieux feu qui nous néunit,
Germe la structure d'un nouveau récit.

Non pas sur les parois d'une sombre muraille,
Sur des papyrus blancs du noir de nos entrailles.

Ces hiéroglyphes racontent un contexte fier
Dans un *Scribe* ramenant notre nature bestiaire.

Pierre Savard

LA MEILLEURE AMIE
DE L'HOMME

16

MMMMHHH...
DE L'EAU FRAÎCHE.

RYAAAK

LA TOUR. J'Y
SUIS PRESQUE...

LES CRIS ET LES HURLEMENTS...
M'ONT-ILS GUIDÉS JUSQU'À CE
LIEU ISOLÉ ET ARIDE?

TOUS CES PONTS MONUMENTAUX...
SONT-ILS L'OEUVRE D'UNE CIVI-
LISATION QUELCONQUE AYANT
HABITÉ LE ROC DE CES
MONTAGNES ABRUPTES?

LES RÉPONSES À
CES QUESTIONS
SE TROUVENT
PEUT-ÊTRE DANS
LES HAUTEURS...

...ET LES PROBLÈMES
PROVIENNENT HABITUELLEMENT
DU PLUS HAUT DES SOMMETS.

FLOC

OR, JE SUIS EN BAS...

TRÈS HAUT.

17

STUPIDE.

N'ÉTAIT-CE PAS MOI QUI S'EST PLAINT DE L'ARIDITÉ DU SOL UN INSTANT AUPARAVANT ?

JE NE DEVRAIS PAS VOCIFÉRER SI FORT... MON BESOIN D'UN RAFRAÎCHISSEMENT A TOUT DE MÊME ÉTÉ ENTENDU!

HEUREUSEMENT, AVEC LE RUGISSEMENT DE CETTE CHUTE, JE NE RISQUE AUCUN PROBL...OUPS!

MAIS... QUE...

WOA

QUEL COURANT !!!!

LA PAROI EST TROP GLISSANTE À CET ENDROIT... ET JE N'AI AUCUN SUPPORT POUR APPUYER SUR MES JAMBES... JE NE PEUX GRAVIR DAVANTAGE À MOINS...

...TIENS! J'AI UNE IDÉE!

OUF!!
QUEL IMPACT!

LES CRIS DE NOUVEAU...
DES CRIS HUMAINS.

J'AI CRU QUE MES TENDONS ALLAIENT ME LÂCHER! JE CROIS QUE J'ÉVITERAI CE GENRE D'ACROBATIE DÉSORMAIS.

ILS NE SEMBLENT PLUS SI LOINTAINS...

ÉTRANGE. LES HURLEMENTS SONT CEPENDANT RESTÉS SILENCIEUX...

BAAAAAH!
QUELQUES EFFORTS SUPPLÉMENTAIRES ET CETTE TOUR ME RÉVÉLERA BIENTÔT SES NOMBREUX...

...SECRETS.

19

20

BON SANG! C'EST LE CRI D'UNE FEMME! L'ÉCHO NE ME TROMPE PAS... ET JE NE CROIS PAS QUE CE SOIT LE PLAISIR QUI LA TOURMENTE AINSI...

RESTONS TOUTEFOIS VIGILANT... CET ENDROIT EST HABITÉ ET UNE PERSONNE SEMBLE EN DANGER CE QUI SUPPOSE QUE JE POURRAIS BIEN L'ÊTRE ÉGALEMENT...

JE NE VOUDRAIS PAS VOIR MA VIE S'ÉTALER SUR LE SOL POUR AINSI SURVEILLER SILENCIEUSEMENT TOUS CES CORRIDORS LUGUBRES ET OUBLIÉS...

UNE SIGNATURE HUMAINE? NON... CELA RESSEMBLE PLUTÔT À UNE EMPREINTE.

RRRRR

DES GRIFFES???

...MAIS QUEL GENRE DE CRÉATU.........JE... OH.......MERDE.......

21

PAR LA VULVE DE LA GRANDE DÉESSE DE L'ÉPOUVANTE !!

CE SONT... DES CHIENS ! MAIS... ILS ONT LE CORPS MASSIF D'UN DRAGON...

...OÙ PEUT-ÊTRE EST-CE L'INVERSE ???

ALLONS...DU CALME.

IL SEMBLE QUE MA PRÉSENCE ICI LES DÉRANGE LÉGÈREMENT...PEUT-ÊTRE QUE SI JE FAISAIS DEMI-TOUR ET REBROUSSAIS CHEMIN...

SNIF

...JE POURRAIS AINSI ÉVITER DE VIOLER LEUR TERRITOIRE...

MERDE MERDE MERDE MERDE MERDE MERDE MERDE MERDE

...ET NE RISQUERAIS AUCUN AFFRONTEMENT AVEC CES BÊTES!

KWIK

OUPS
...

SBONG

?

23

PFFF...JE CROIS QU'ELLES ONT ENFIN COMPRIS...

QUOI?! ELLES DÉCIDENT DE ME LAISSER TRANQUILLE POUR S'EN PRENDRE À MES POURSUIVANTS... INSECTES STUPIDES...

...ET MAINTENANT, JE SUIS PRIS AU PIÈGE!

BZZZ

BON SANG! CE SONT LES PUCES GÉANTES DE CES MONSTRES QUI M'ONT RETARDÉ...

...OU PIRE ENCORE.

À MOINS QUE...

CETTE OUVERTURE DANS LE ROC POURRAIT BIEN REPRÉSENTER MON ÉCHAPPATOIRE...

RRRRR!

SNIF
SNIF

??
?

TCHAK!

TCHAK!

BOK

BON VOYAGE !

JE POURRAIS CEPENDANT ME FOURVOYER...
N'EST-IL PAS DIT QUE LE CHIEN EST LE
MEILLEUR AMI DE L'HOOOOOOOOÔMME !

SI LE PHYSIQUE DE CES BÊTES
SE RAPPROCHE ASSURÉMENT DE
CELUI DES DRAGONS, IL N'EN RESTE
PAS MOINS QU'ELLES ONT CON-
SERVÉ L'INTELLIGENCE DU CABOT !

27

WOA

UN PEU PLUS LENT ET J'ALLAIS REJOINDRE LES TÊTES QUE JE VENAIS DE DÉCAPITER!

LA BÊTE RETOURNE DÉJÀ VERS LA TOUR OÙ ELLE TENTERA PROBABLEMENT DE SE DÉBARRASSER DE MA PRÉSENCE IMPORTUNE.

JE N'ATTENDRAI PAS JUSQUE-LÀ... NOUS SURVOLONS LE SOMMET... VOILA MA CHANCE...YAAAA!

BON! MAINTENANT, JE DOIS ESSAYER DE RESTER ACCROCHÉ SUR LE CORPS DU MONSTRE POUR AMORTIR L'ATTERRISSAGE...

...IMMINENT.

29

...CES CRIS.
UN RASSEMBLEMENT... AURAIS-JE ENFIN DES RÉPONSES À MES QUESTIONS ? PEUT-ÊTRE QUE L'UN
RAAAR
APPAREMMENT NON... LE GROUPE S'ENFUIT LE MONSTRE GISANT À MES CÔTÉS LES AURAIENT-ILS EFFRAYÉS? MÊME MORT?... BON SANG! IL DOIT FAIRE CHAUD SOUS CES TOGES CAR L'UN D'EUX S'ENFUIT LE CUL À L'AIR!
HÉ!
ATTENDEZ!
VITE! JE NE DOIS PAS LES PERDRE DE VUE... ILS SEMBLENT ÊTRE DESCEND AAAARRRGGH!

MON DOS... IL N'Y AVAIT PAS QUE MA TÊTE QUI ME FAISAIT SOUF-FRIR... ET CETTE MORSURE SUR MON ÉPAULE QUI CONTINUE À ME VIDER DE MON SANG... IMPOSSIBLE DE POURSUIVRE LES HOMMES EN TOGE...

MERDE! JE CROIS QUE CE GROUPE AVAIT UNE CERTAINE ADMIRATION POUR LES BÊTES QUE J'AI ÉLIMINÉES. ILS AURAIENT PU ME CAUSER PLUS DE MAL QUE DE BIEN ET JE NE SUIS PAS EN ÉTAT POUR ME BATTRE...

QU'EST-CE QUE C'EST ? UNE FEMME... ENCHAÎNÉE COMME UN CHIEN... UN SACRIFICE???

QU'IMPORTE, UN DERNIER EFFORT SUFFIRA... C'EST POUR ELLE QUE J'AI FAIT TOUT CE CHEMIN APRÈS TOUT... ET LES HOMMES POURRAIENT REVENIR...

31

AUSSITÔT QUE LES CHAÎNES FURENT BRISÉES,
J'ENTRAÎNAI LA JEUNE FEMME AVEC MOI.
QUELQUES HEURES PLUS TARD, LA TOUR
MAUDITE ET LE DÉSERT QUI L'ENTOURE ÉTAIENT
DÉJÀ LOIN DERRIÈRE NOUS LORSQUE LA NUIT
COMMENÇA À SE MANIFESTER...

UN PETIT ARRÊT ME
PERMETTRAIT ALORS DE
PANSER MES BLESSURES
ET DE FAIRE LE POINT
SUR NOTRE SITUATION...

EH TOI... ÇA VA?
COMMENT T'APPELLES-TU?

OH! ÇA? CE N'EST RIEN. UN PEU DE SANG, C'EST
TOUT. AS-TU ASSEZ CHAUD AVEC CE DRAP...?

AUCUNE PAROLE... SEULEMENT
CE MERVEILLEUX SOURIRE.
ÉTAIT-ELLE MUETTE?

· · ·

C'ÉTAIT POSSIBLE... ELLE AVAIT
TELLEMENT CRIÉ... LE CHOC D'ÊTRE
RESTÉE LONGTEMPS CAPTIVE...

EUH... TU DOIS AVOIR FAIM...
ATTENDS, JE SAIS CE QUI PEUT...

GRRIIMMPPPH!

33

À MON RÉVEIL, J'ÉTAIS SEUL ... LA FEMME AVAIT DISPARU...

AUCUNE TRACE DE SON DÉPART...IL ÉTAIT IMPOSSIBLE QUE LE GROUPE MYSTÉRIEUX SOIT REVENU LA CHERCHER, CAR ELLE SE SERAIT BIEN REMISE À CRIER...

JE RESTAI QUELQUES JOURS À L'ENDROIT OÙ NOUS NOUS ÉTIONS ARRÊTÉS...AUCUN SIGNE DE VIE.

MES FORCES ÉTANT REVENUES, JE DÉCIDAI DE REJOINDRE LA CITÉ LA PLUS PRÈS...

QUI ÉTAIENT CES HOMMES ET POURQUOI SE PROMENAIENT-ILS LE CUL À L'AIR? QUEL ÉTAIT LE LIEN QUI LES UNISSAIT AVEC LA FEMME ET LES CHIENS-DRAGONS?

D'OÙ POUVAIENT PROVENIR CES BÊTES REMPLIES DE PUCES? AVAIENT-ELLES UN MAÎTRE?. QUI POUVAIT LEUR FOURNIR TOUS CES OS? QUEL ÊTRE MONSTRUEUX POUVAIT BIEN LES ENGENDRER ET S'EN OCCUPER?.

QUEL SECRET LA FEMME POUVAIT-ELLE BIEN GARDER À L'INTÉRIEUR?... MAUDIT MYSTÈRE...

35

JérôMercier

LE CANADA C'EST LE PLUS MEILLEUR PAYS AU MONDE...

Les incroyables aventures palpitantes, dan-gereuses et rocambolesques de Tom le paresseux

ViE d'iXOdidéS

Par
SYLVAIN Lorgeou

Dans une jungle épaisse
se tenait l'Oracle

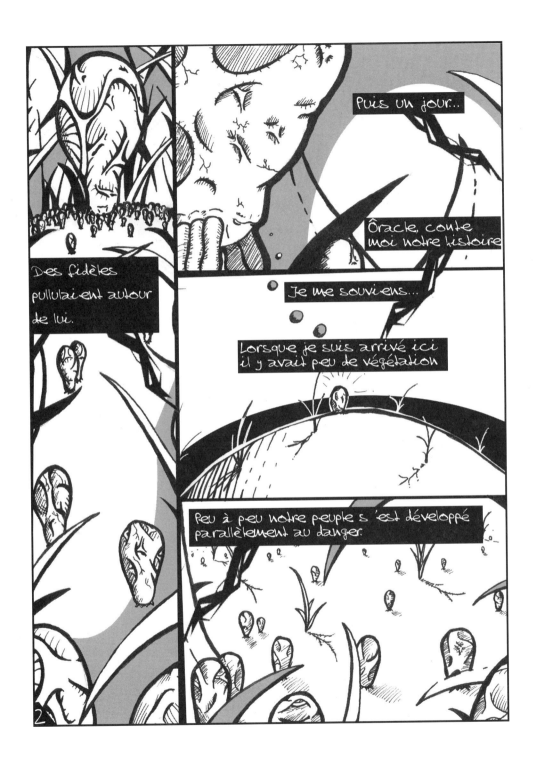

Puis un jour...

Ôracle, conte moi notre histoire

Des fidèles pullulaient autour de lui.

Je me souviens...

Lorsque je suis arrivé ici il y avait peu de végétation

Peu à peu notre peuple s'est développé parallèlement au danger.

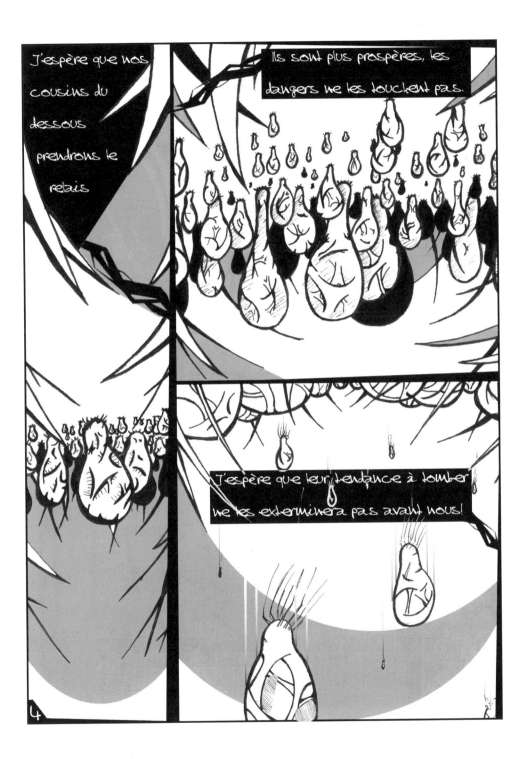

On m'a désigné Oracle car je suis passé au travers...

J'ai vu mes frères tomber les uns après les autres...

Je me suis déjà retrouvé SEUL...

6

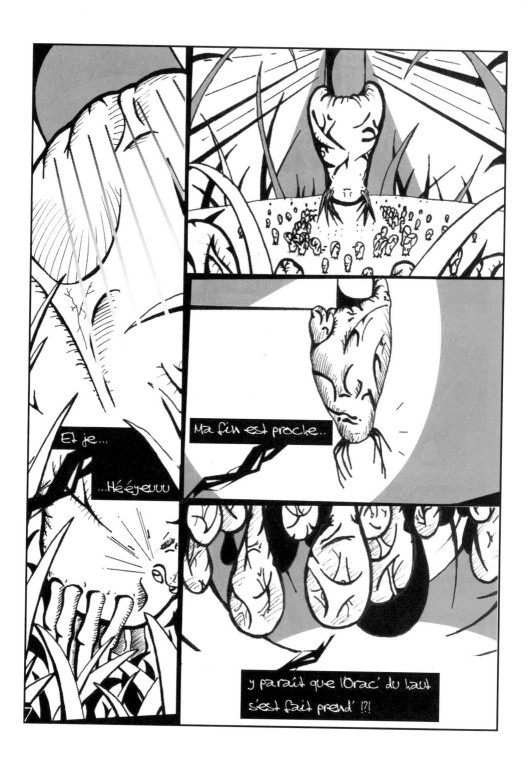

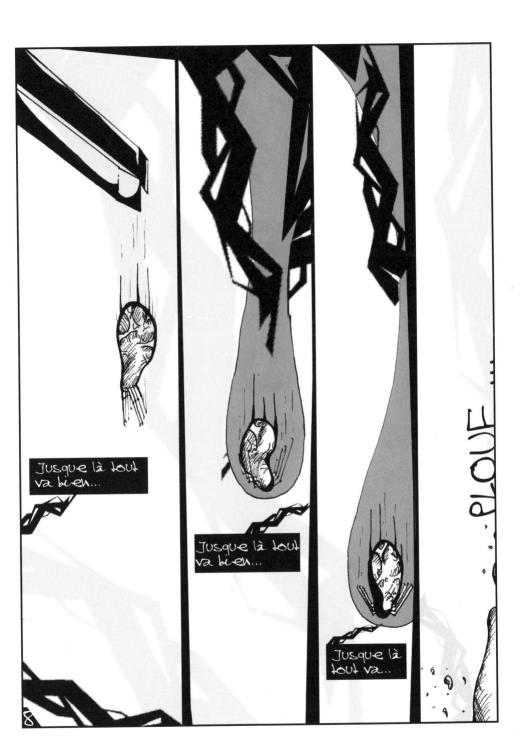

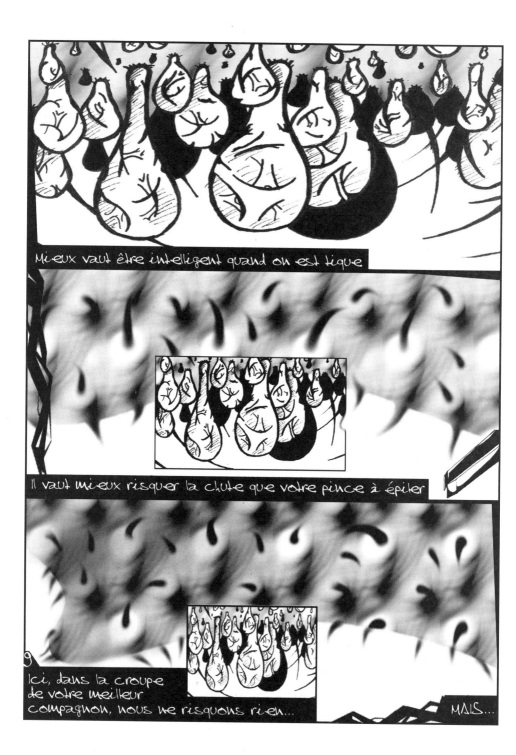

Mieux vaut être intelligent quand on est tique

Il vaut mieux risquer la chute que votre pince à épiler

Ici, dans la croupe
de votre meilleur
compagnon, nous ne risquons rien...

MAIS...

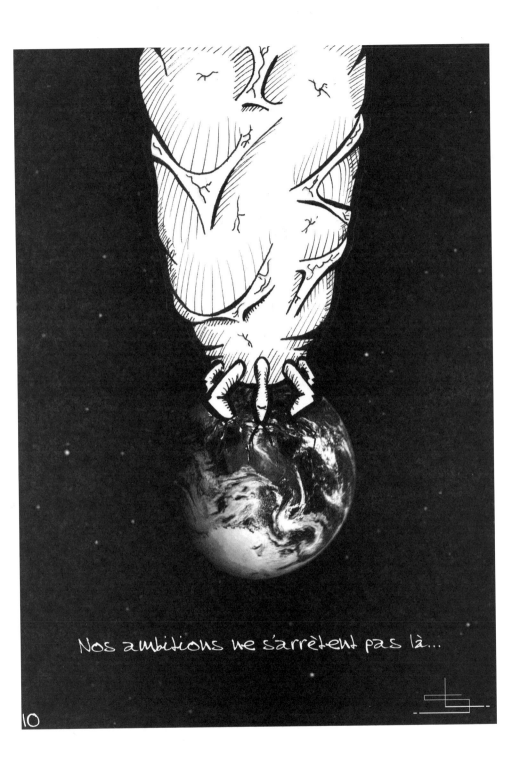

Nos ambitions ne s'arrètent pas là...

10

53

LE

Dessins, Concept
Histoire par l'unique
Mon Oncle Fred, Alias,
Frédérick Lavergne.

À tous ceux qui éprouvent
des sentiments de répugnance, de
Frayeur et de haine à l'égard
de notre Frère Approximatif,
Le rat, ce grand Méconnu...

À tous ceux qui admettent volontiers
qu'entre la rose et le champignon nuclé-
aire, il y a, sous le soleil, une place
pour la gent "TROTTE-MENU". À la
ratrocratie universelle et à tous
ceux qui acceptent de déambuler avec
moi dans les labyrinthes de Ratopolis,
aux fins d'approcher des rats,
souvent moins redoutables que
ceux qu'ils peuvent côtoyer dans
le quotidien sous le grand chapiteau
de la société humaine...

Michel Dansel
«Nos frères les rats»

Voici L'histoire de La Ratarisation...

Depuis plusieurs siècles, que nous existons, et vous, l'être humain, vous nous blâmez pour tout. Est-ce vraiment de notre faute? Le Moyen-Âge avec vos donjons et vos salles de tortures...

Mais aussi la période des grands explorateurs...

Vos conditions de vie insalubres...

Vous nous avez fait découvrir des Nouveaux Continents...

De siècle en siècle, la gent "Trotte-Menu" prit de l'expansion...

À l'échelle Mondiale, la peste noire arriva et vous vouliez détruire la Ratarisation Alors vous payliez 10¢ par rat tué... MAIS EN VAIN...

61

Durant la I^e guerre Mondiale, la Nourriture qui jonchait en Abondance, sur le terrain, ravivait nos papilles gustatives. Et de ce fait, nous nettoyions cette horreur que vous Appeliez le champ d'honneur.

63

Peu d'humains nous aiment vraiMENT. Ceux qui aiment notre présence, sont comme nous... des... incompris...

Mais la Faim m'a mis dans une mauvaise posture. Je ris au larme, si vous pensez mettre un terme à la "Ratopolis". Lorsque l'être humain s'anéantira, nous, les rats, survivrons aux époques...

Les éditions
André St-Georges
présentent

le lemming

Selon une étude
du Dr. Björn Volgogorsk

Helsinki, 2001

lemming n.m. (mot norvégien) Petit rongeur de Scandinavie, effectuant parfois des migrations massives vers le Sud. Ces dernières s'avèrent souvent cataclysmiques pour les petits mammifères septentrionaux, ceux-ci se précipitant à l'aveuglette dans une quelconque direction, nonobstant la présence potentielle de précipices. Le 22 mai 1973, environ 135 000 lemmings périrent en sautant d'une falaise de 500m dans la vallée du Hardangerfjord, en Norvège. Il s'agit du pire suicide collectif à toucher la population mondiale de lemmings.

un lemming

la vallée du Hardangerfjord

La migration des lemmings

Nul ne peut s'empêcher de penser à «suicide collectif» quand le mot «lemming» est prononcé. La théorie la plus répandue et sans doute la plus acceptée veut que les lemmings se dirigent vers le sud lorsque les conditions empirent dans le nord. Ne se fiant qu'à leur instinct, ceux-ci font fi de la réalité géographique scandinave, avec les résultats que l'on sait. Toutefois, un chercheur finlandais qui étudie les lemmings depuis des décennies, Björn Volgogorsk, a émis une autre théorie. Après avoir vécu dans un troupeau de petits rongeurs pendant 2 ans, Volgogorsk se rendit compte que ceux-ci avaient une prédisposition à la maniaco-dépression et que leur migration ne se veut qu'un voyage sur la Méditerranée. La dépression prenant le dessus ils choisissent de mettre fin à leur existence avant même d'atteindre la frontière germano-danoise. Ils prennent toutefois soin d'élire secrètement deux lemmings qui assureront la survie de l'espèce. Volgogorsk croit toutefois que les lemmings n'en ont plus pour longtemps sur la planète. Voici un vidéo filmé par Volgogorsk alors qu'il assistait au plus récent suicide de l'espèce...

Bjorn Volgogorsk

Pour les sensibles, aucun lemming n'a été blessé dans la réalisation de cette bédé. Si vous êtes témoins de violence envers un lemming, prière d'appeller la SPCA.

71

Encore pour les sensibles, les lemmings ne se précipitent pas réellement du haut de falaises. C'est une fausse rumeur qui a été exploitée dans un but artistique...

Suivons maintenant les péripéties
de nos 6 aventuriers préférés dans

Lᴇ
DONJON
OF
Doom

par Goo!

À L'ASSAUT!!

C'est ça un plan béton?

Le cerveau j'te dis pas!

ETHER →

Tout le monde sait que l'ether redonne des points de magie. Voyons!

Regardez! Il y a un type là-bas!

Vous croyez que c'est lui le boss? Il a pas l'air terrible...

C'est peut-être une sorte de vieux sage qui va nous aider dans notre quest?

FIGHT!

BANG

BANG BANG BANG BANG

THE END

Cette section de la bande dessinée comporte des scènes de violence.
La supervision des parents est conseillée.

77

The return of the *NOT SO* Hidden Clown Dog

FIN

Morale de l'histoire :
Le boss de la fin botte des culs !!!

La course pour l'intelligence.

Concept de Julie-Anne Cloutier
Scénario et art par Martin Balcer

En 2074, un génie créa un gaz qui fit évoluer l'intelligence de tous les animaux excepté celle de l'humain qu'il fit diminuer.

Quelques années plus tard, on découvrit l'endroit d'où le gaz était émis et un groupe de volontaires fut rassemblé pour tenter de trouver le remède ...

91

CONSOMMÉ PAR UNE
RAGE AVEUGLANTE

GRATS, CHIMIQUEMENT
INTOXIQUÉ, PERD
CONTRÔLE ET TUE
LE SCIENTIFIQUE.

AFFAIBLI PAR LE PRODUIT
QU'IL A CONSOMMÉ POUR
REPOUSSER SES ATTAQUANTS.

GRATS QUITTE... SEUL.

MOORE,
UN SACRIFICE
VOLONTAIRE ET
HÉROÏQUE REMPLI
DE COURAGE.

IL A VU UN MONDE
CHAOTIQUE ET DÉCIDA
DE FAIRE UNE DIFFÉRENCE.

SAOL.
APRÈS AVOIR
PERDU TOUTE
FORME D'AMOUR,
NE RESTAIT
QU'AVEC UN
SENTIMENT DE
REVANCHE ET
UN DÉSIR DE
PEUT-ÊTRE FAIRE
UNE DIFFÉRENCE.

COORS.
UN AMOUREUX DES ANIMAUX.
IL VOYAIT LES MAMMIFÈRES
SOUFFRIR DANS LEUR
ÉVOLUTION FORCÉE.
IL EST MORT AVEC CEUX
QU'IL VOULAIT AIDER.
IL AURAIT VOULU
FAIRE UNE
DIFFÉRENCE.

LE BESTIAIRE DES DIEUX

AMON JORIS

amonjoris@hotmail.com

IL EST LE MAÎTRE DES DIEUX,
DE SA FOUDRE, IL GOUVERNE LES CIEUX. -ZEUS...

ORNÉ D'UNE COURONNE D'IVOIRE,
IL CHARGE CONME L'ÉCLAIR DU SOIR. ·LE TAUREAU...

SOUS SON AILE, L'ÉLAN DE LA GUERRE.
LA PROTECTION AU COMBAT ELLE PARRAINNE, -ATHÉNA...

ELLE VEILLE AUX BONNES HABITUDES FORESTIÈRES,
DANS SES YEUX, L'ÉTOFFE D'UNE REINE. -LA CHOUETTE...

AVEC SON ARC, ELLE VEILLE SOUS L'OMBRE DE LA LUNE.
GARDIENNE DES CITÉS ELLE TUERA PAR SES FLÈCHES À PLUMES. - ARTÉMIS

TOUJOURS AUX AGUETS DE LA MOINDRE MENACE,
AVERTISSEMENTS ELLE FERA, S'IL Y A UNE CHASSERESSE AUDACE. - CERF

PROTECTEUR DE LA VÉRITÉ ET ORACLE,
ÉCLAIRÉ II DIT:"CONNAIS-TOI TOI-MÊME".   -APOLLON...

II EST TOUJOURS À LA HAUTEUR DE L'OBSTACLE.
AMI DU SOLEIL, LA BONNE FOI II SÈME. - LE HÉRON...

DÉESSE DE L'AMOUR ET DE LA FERTILITÉ,
ELLE EST L'ÂME DE LA FOUGUE PRINTANIÈRE. — APHRODITE

ELLE EST LE SYMBOLE D'UNE GÉNÉRATION NOUVELLE,
L'ESPOIR D'UNE REPRODUCTION ÉVENTUELLE. — COLOMBE

ELLE EST LE RESPECT DU CONTRAT CONJUGAL.
L'ENGAGEMENT SCELLÉ PAR SON SCEPTRE DE MÉTAL. — HÉRA

LA JALOUSIE EST SA MOTIVATION,
SA BEAUTÉ CRÉERA SA DÉMARQUATION. — PAON

ELLE SYMBOLISE LA PROTECTION DES MOISSONS,
SON ÉPI D'OR SÈME LE BLÉ ET LE SON.   —DÉMÉTHER

ELLE SURVEILLE DE SON OEIL NOIR LE GRILLON
QUI S'ATTAQUE À L'EFFORT DE TOUTE UNE NATION. —LA CORNEILLE

Il DONNA AUX HOMMES LE CHEVAL DE TERRE,
DE SON TRIDENT, Il GOUVERNE TOUTES LES MERS.- POSEIDON

ANCIEN VOLTIGE DES EAUX TUMULTUEUSES,
AUX HOMMES Il OFFRE SON AMITIÉ HEUREUSE. - LE CHEVAL

SON HOSPITALITÉ ASPIRE À LA FÊTE.
IN VINO VERITAS, TEL EST LA QUÊTE. - DIONYSOS

IL SE VAUTRE DANS UNE TERRE FERTILE. -LE PORC
SON HYGIÈNE N'EN EST PAS POUR AUTANT FÉBRILE.

II EST LE GUERRIER DE SES MAUX,
II EST ÉVITÉ VU LA SOUFFRANCE DE SA FAUX. - ARÈS

TOUJOURS À L'AFFÛT D'UNE ODEUR DE SANG, LE VAUTOUR
II APPARAÎT SUR LA CARCASSE ANNONCÉE PAR LE VENT.

Il FAIT NAîTRE DU FEU
LA FIERTÉ DES ARTISANS. — HÉPHAïSTOS

Il EST L'ÉCLAT PERCUTANT,
LE TISON ORIGINEL DU FEU. — LE PHOENIX

IL EST L'ESSENCE MÊME DE SON IDOLE.
IL EST L'ERREUR MÊME DE SON ÉCOLE.   - DIEU

AMON JORIS

DANS TOUTE SON IMAGINATION, IL SE FAIT CRÉATEUR.
IL CESSERA D'ÊTRE LORSQU'IL NE SERA PLUS RÊVEUR. -l'HOMME

Ronan Bonnette Productions
Présente

JOE POISSON

La Biographie non-autorisée de Joe Poisson

Introduction, avant-propos, préface,
début, genèse et prologue par
Ronan Bonnette

AU COMMENCEMENT ÉTAIENT LES CIEUX ET LA TERRE.

PUIS JE DIS : QU'IL SE FASSE UNE HISTOIRE DE CHATS PARCE QUE LES CHATS, C'EST BEN BEN BEN BEN CUTE.

ET JE VIS QUE CELA ÉTAIT BON

LE DEUXIÈME JOUR, JE DIS : PUTAIN DE BORDEL DE MERDE ! JE N'AI RIEN À DIRE SUR LES CHATS.

PUTAIN DE BORDEL DE MERDE...

ET JE VIS QUE CELA ÉTAIT SUPER POCHE

ET IL SE FIT DE LA LUMIÈRE. JE VIS QUE LES POISSONS ÉTAIENT BONS. MAIS AVEC LES RÔLES INGRATS QU'ON LEUR ATTRIBUE DANS NOS HISTOIRES, LES POISSONS DEMEURENT MÉCONNUS...

MOBIDICK

AIME PAS GROS POISSON TUONS-LE

JAWS

GROS POISSON NOUS AIME PAS, VEUT NOUS TUER

LE VIEIL HOMME ET LA MER

AIME BIEN GROS POISSON MAIS TUER PAREIL

... ET LÀ, JE NE PARLE PAS DES MOULES QUI ELLES, SONT VRAIMENT SUPER MÉCONNUES.

120

LE TROISIÈME JOUR, JE DIS : QUE JUSTICE AUX BÉBITES QUI NAGENT SE FASSE PAR MA MAIN. ET JE DIS AUSSI : QUE LES PRÉJUGÉS SUR LA PLATITUDE D'UNE VIE DE POISSON SOIENT DÉNONCÉS.

PUIS, LE QUATRIÈME JOUR, VOYANT QUE TOUT CELA ÉTAIT BON, JE ME REPOSAI DE L'OEUVRE QUE J'AVAIS FAITE.

ET JE VIS QUE CELA ÉTAIT VRAIMENT BON.

LE TRENTE-DEUXIÈME JOUR, JE DIS : QUE LA VIE DES POISSONS JE CONNAISSE POUR LES AIMER ET LES RACONTER. AINSI, J'ÉTUDIAI LEURS COMPORTEMENTS, COUTUMES ET AMBITIONS.

ET JE VIS QUE CELA ÉTAIT LONG.

MA QUÊTE FUT PARFOIS PÉRILLEUSE

LE QUARANTE-SEPTIÈME JOUR, JE VIS QUE CELA ÉTAIT CON.

ET JE ME REPOSAI LES CINQUANTE JOURS SUIVANTS

Puis, le deux mille cent soixante-dix-huitième jour, je vis que cela était fini. J'avais créé une histoire de poisson avec juste des poissons. Une histoire vraie, touchante, tragique, drôle, mélo-dramatique, intense, burlesque, rocambolesque bref, un suspence néo-rohanesque d'un lyrisme jovial, sympathique et super pénétrant dans l'absolu

WAAAAAAA!!

ÇA! ÇA ME PÉNÈTRE VRAIMENT DANS L'ABSOLU.

"CE QUE J'AI FAIT, JE LE JURE, JAMAIS AUCUNE BÊTE NE L'AURAIT FAIT."

17 MAI 1941
OCÉAN INDIEN

POUPONNIÈRE

DÈS SON PLUS JEUNE ÂGE, JOE POISSON FUT SAUVA-GEMENT ABANDONNÉ À SON TRISTE SORT.

TRÈS TÔT, IL APPRIT LES RUDIMENTS DE LA VIE AQUATIQUE.

VEUX PLANCTON

MAIS LA RÉALITÉ N'EST PAS TOUJOURS PARADISIAQUE ET JOE POISSON DUT VITE SE PLIER À CERTAINES RÈGLES DE LA NATURE. IL ÉTAIT CONDAMNÉ À VIVRE COMME UN PUTAIN D'ENCULÉ DE MOUTON PARMI LES SIENS.

PETIT À PETIT, SON ESPRIT SE REBELLA

TSÉ GENRE, FISH MAIS FUCKING PAS BALEINE LÀ!

JUSQU'À CE FAMEUX MATIN DU 18 MAI 1941...

CE JOUR-LÀ, QUAND LE BANC DISPARUT DANS LES PROFONDEURS OCÉANES, JOE NE SE RETOURNA PAS...

AH-HA! C'EST TOTALEMENT NON-SCIENTIFIQUE.

NONONONON

LE POISSON DOIT SUIVRE LE BANC DE POISSONS CAR IL EST GUIDÉ PAR SON INSTINCT PRIMITIF DE SURVIE.

J'AI FAIT DES RECHERCHES!

ON FAIT PAS LE MARIOLE AVEC MOI !!

DONC, JOE POISSON, GUIDÉ PAR SON INSTINCT PRIMITIF DE SURVIE, DÉCIDA DE SE BARRER DE CETTE BANDE DE LOPETTES.

MAIS LA VIE N'EST PAS SI FACILE AUX YEUX DU VAGABOND. POUR JOE, LA LIBERTÉ AVAIT UN NOM ET ELLE S'APPELAIT : « **PLANCTON !** »

MANGER

C'EST ALORS QUE POUR LA PRE-MIÈRE FOIS, JOE DUT FAIRE FACE À UNE RÉALITÉ QUI ÉCHAPPAIT À SON CONTRÔLE

GLP

125

UNE PUTAIN DE RÉALITÉ CANON !

Nikita Morve

Puis, la nature, toujours un peu coquine, allait prendre le dessus...

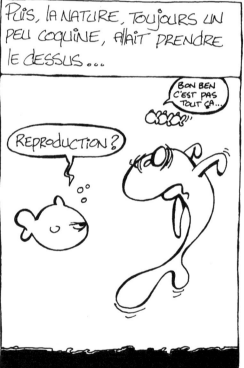

MAIS Z'EST IMPOZZIBLE! JOE, NOUS ZOMMES ZI DIVÉRENTS...

ET POUR SE SORTIR DES SITUATIONS EMBARRASSANTES, JOE AVAIT UNE ARME

... L'INSTINCT.

JE T'AIME!

LA LARME ÇA SE PEUT PAS

JETONS À PRÉSENT UN VOILE DISCRET SUR LA SUITE DES ÉVÉNEMENTS...

OH YES HUGE

AHHHH!!!

OOOUI!!!

COME ON!

TAKE ME HARDER.... LOVE

MMMHHHH

OH YEAH! YEAH!

YEAH YEAH! YEAH!

VOILE DISCRET

... SURTOUT QUE J'AI TOUJOURS PAS COMPRIS COMMENT QU'ILS FONT POUR BAISER LES POISSONS

L'OCÉAN EST UN MONDE SANS PITIÉ. PAS DE PLACE POUR LES COEURS SENSIBLES DANS LES JUNGLES ABYSSALES.

UN MONDE FÉROCE Y ATTEND L'AVENTURIER.

JOE POISSON EST DÉCÉDÉ LE MATIN DU 19 MAI 1941.

NdA: SI VOUS VOULEZ UNE MORALE À CETTE HISTOIRE, TROUVEZ-LA! MOI JE DÉTESTE LES MORALES: C'EST TOUJOURS RINGARD ET SANS FONDEMENT. MAIS ÇA PLAIT AUX GENS... FIN.

L'Oiseau

par Maco

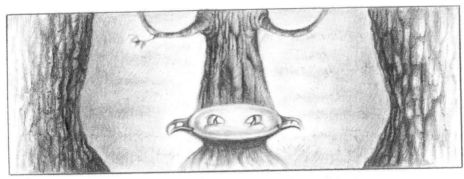

JEAN-SÉBASTiEN BÉRUBÉ

CONNU AUSSI SOUS LE NOM DE

SI JE DEVAIS ÊTRE UN ANIMAL, JE SERAIS
UN CHIMPANZÉ. CHIMPANZÉ : SINGE ANTHROPOÏDE
DE L'AFRIQUE ÉQUATORIALE, ARBORICOLE,
SOCIABLE ET S'APPRIVOISANT FACILEMENT.
CHIMPANZÉ SELON BAST : ÉNERGUMÈNE
SOCIABLE ET EXCENTRIQUE, REFUSANT TOUTE
BANALITÉ OU SUPERFLUITÉ, AYANT UN
PROFOND DÉSIR D'ALLER AU FOND DES CHOSES.
LE TOUT EN EXÉCUTANT DIVERSES SINGERIES
L'ENTRAÎNANT DANS DES AVENTURES ROCAMBO-
LESQUES. POUR COMPRENDRE, LISEZ...

ANIMALOSOPHIE

ANIMALOSOPHIE

BAST 2001

JE ME DEMANDE SUR QUOI PORTERA LE COURS D'AUJOURD'HUI...

IL PARAÎT QU'IL VA PARLER D'ANIMAUX.

BON, IL VA FALLOIR QUE JE PRENNE LA PAROLE.

HUM... HEU... BONJOUR TOUT LE MONDE. HEU... LE COURS D'AUJOURD'HUI PORTERA SUR... HEU... LA RELATION ENTRE L'HOMME ET L'ANIMAL, OUI. CAR... HEU...

UN AUTRE COURS À DONNER. COURAGE MON VIEUX. ET SI JE ME RIDICULISAIS DEVANT LES ÉTUDIANTS? OH NON ! GARDE TON ESPRIT RATIONNEL ET ÇA N'ARRIVERA PAS.

VOUS SAVEZ TOUS QUE L'HOMME DESCEND DU SINGE. DEPUIS LA NUIT DES TEMPS, L'HOMME A TOUJOURS VOULU DOMINER L'ANIMAL, LA BÊTE. CE QUI FAIT LA DIFFÉRENCE DE L'HOMME, C'EST QUE LUI, PENSE, RÉFLÉCHIT, ET...

LE SOIR VENU...

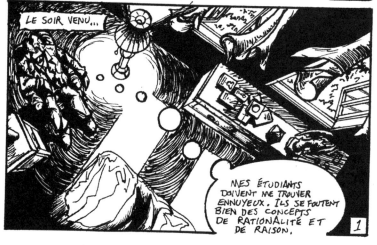

MES ÉTUDIANTS DOIVENT ME TROUVER ENNUYEUX. ILS SE FOUTENT BIEN DES CONCEPTS DE RATIONALITÉ ET DE RAISON.

1

APRÈS AVOIR CRU MOURIR D'UNE CRISE CARDIAQUE JE TENTAI DE M'ÉCHAPPER DES GRIFFES DU TIGRE MAIS EN VAIN. J'ÉTAIS INCAPABLE DE TROUVER UNE EXPLICATION RATIONNELLE À CET ÉVÉNEMENT.

AU SECOOOURS!

NOOOOOOOON!

C'EST ALORS QUE TOUT BASCULA. LE TIGRE SE RÉVÉLA ÊTRE...

...UN AMI...
?
IL M'ENTRAÎNA DANS LES BOIS...
POUR Y DÉCOUVRIR UN AUTRE MONDE...
C'EST ALORS QUE JE COMPRIS. MOI, L'HOMME, PAR DÉSIR D'ÊTRE CIVILISÉ, J'OUBLIE QUE JE SUIS, MOI AUSSI, DE NATURE...
...ANIMALE.
JE REFOULAIS MES INSTINCTS DANS MON INCONSCIENT...
L'ANIMAL EST EN MOI. IL EST CACHÉ. IL DORT. IL ATTEND QU'ON LE RÉVEILLE. ET ENSUITE, LA NATURE NOUS APPELLE. DANS SON LIT DE FEUILLES JE SUIS LIBRE, JE SUIS FORT, JE SUIS SEREIN. RIEN NE PEUT M'ARRÊTER LORSQUE JE LAISSE MON CÔTÉ ANIMAL S'EXTÉRIORISER. JE SUIS MON INSTINCT.
L'ESPRIT RATIONNEL NE PEUT PAS TOUT RÉSOUDRE. IL Y A DES CHOSES D'ORDRE PULSIONNEL QUI RELÈVENT DE L'INSTINCT ANIMAL. D'AILLEURS CES CHOSES M'APPELLENT.
CHÉRI! MAIS... QUE FAIS-TU DEBOUT À UNE HEURE PAREILLE?
HÉ! HÉ! HÉ! REGARDE-MOI BIEN. JE SUIS UN HOMME NOUVEAU! JE SUIS... LA BÊTE!
OH MON DIEU! HAAAAAAAN!
3

Le cocu

par Victor

ALPHA EST UN IVROGNE ACCUSÉ DE LAÏCITÉ QU'UN ANGE APPRÉHENDE SUR LES MÉFAITS DE L'ALCOOLISME. IL DOIT OBLIGATOIREMENT FAIRE SON ÉDUCATION.

JE NE COMPRENDS PAS POURQUOI ON ME RETIENT ENTRE LE CIEL ET LA TERRE. TOUT COMME CE VOLATILE DÉPRAVÉ PAR L'USURE QUI NE RESSEMBLE EN RIEN À UNE CORNEILLE, MAIS PLUTÔT À UN MERLE GRASSOUILLET QUI A PRIS DU BON TEMPS DANS LA VIE.

JE PEUX ESSAYER DE T'EXPLIQUER ÇA... QUANT AU CORBEAU...

ON S'Y CONFOND À CAUSE DE SON BEC. IL EST BLANCHI POUR LES SERVICES QU'IL REND À DIEU...

MERD... OUPS! **MERLE** J'VEUX DIRE! IL RESSEMBLE À UN MERLE PAS À CAUSE DE SON BEC MAIS DE SON PLUMAGE, VOYONS!

PEU IMPORTE, IL SERA NOTRE GUIDE SPIRITUEL POUR AUJOURD'HUI, IL SERA NOS YEUX.

BEN, NON! JE NE VEUX PAS UNE VISION INTERNE MAIS UNE PROJECTION EXTERNE DE LA SCÈNE. EH BEN, VOILÀ!

CELA RISQUE D'ÊTRE DOULOUREUX, DOC?

TU VERRAS BIEN!

LORSQU'UNE PERSONNE TE POINTE UN RÉVOLVER, CE N'EST SÛREMENT PAS DANS UNE BONNE INTENTION OU POUR RIGOLER...

C'EST SURTOUT POUR TUER, COMMETTRE UN MEURTRE...

LA FEMELLE N'A PRIS PAR LA SUITE AUCUNE CHANCE, ELLE VIDE LE CHARGEUR DE SON FUSIL...

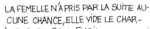

UN INSTANT APRÈS, ELLE SE MET À HURLER DE TERREUR. CE CRI ASSOURDISSANT LAISSAIT PRESSENTIR UNE AUTRE TRAGÉDIE DU GENRE CRUELLE, HORRIBLE ET SANS PITIÉ.

BOF! DES MEURTRES DANS CETTE VILLE, IL Y EN A TOUS LES JOURS. SAUF QUE LÀ, C'EST PLUTÔT ÉTRANGE. MA CURIOSITÉ EST TROP FORTE. JE DOIS SAVOIR CE QUI S'EST PASSÉ...

J'ÉTAIS SUR LES LIEUX DU CRIME. ELLE A TUÉ SON MÂLE.

C'EST VRAIMENT ÉPOUVANTABLE.

QUE S'EST-IL PASSÉ AVEC ELLE?

MERDE! ELLE M'A VU. IL EST TEMPS QUE J'AILLE VOIR AILLEURS AVANT QU'IL M'AR- RIVE MALHEUR.

J'AI PRIS LA FUITE. DANS CES CAS-LÀ, IL VAUT MIEUX ÊTRE PRUDENT TOUT DE MÊME.

CE SONT DES HISTOIRES QUI NE ME REGARDENT PAS. VOIR ÇA AVANT L'AUBE, C'EST COMME UN DÉJEUNER MAL DIGÉRÉ! PFFF... IL N'Y A PLUS RIEN À VOIR.

ILS N'ONT PAS PRIS DE TEMPS CES FLICS POUR RIPOSTER.

ELLE EST JOLIE, SAUF QU'IL EN FAUT PLUS POUR CONVAINCRE CET AGENT DE POLICE DE SON INNOCENCE.

ELLE SE REND BIEN COMPTE DE SON ACTE. LES PREUVES SONT LÀ.

LES EMPREINTES, LES DOUILLES...

LE PISTOLET...

L'ÉTRANGE COUTEAU.

L'ARGENT MÈNE LE MONDE, MAIS LE CRIME NE PAIE PAS SURTOUT S'IL S'AGIT DE **MEURTRE...**

145

MAINTENANT, ELLE DOIT PASSER AUX AVEUX, RECONNAÎTRE SON PÉNIBLE CRIME.

PINSALE, D'ORIGINE AFRICAINE, EST L'INSPECTEUR LE PLUS RÉPUTÉ POUR CE GENRE DE CRIME. IL A FAIT SA MAÎTRISE EN PSY AFIN D'ÊTRE UN EXPERT, ENFIN, C'EST DU MOINS CE QU'ILS DISENT.

VOILÀ CE QU'ILS FONT SUBIR AU SUSPECT: L'INTERROGATOIRE ET APRÈS, LES ACCUSATIONS... EST-ELLE COUPABLE OU INNOCENTE?

PAUVRE CHATTE, ELLE N'A AUCUNE CHANCE DE S'EN SORTIR.

LES PREUVES SONT LÀ, ELLES SONT ACCABLANTES.

QUELLE EST LA RAISON QUI POUSSE QUELQU'UN À FAIRE ÇA?

LES SEULES PAROLES QU'ELLE A DITES: JE L'AI TUÉ!

WOW! JE SUIS RESTÉ STUPÉFAIT PAR SA DÉCLARATION... ET LES INSPECTEURS AUSSI.

À LA COUR, IL Y AVAIT UNE SALLE PLEINE DE GENS. LES PROCHES DE LA VICTIME ET DE L'ACCUSÉ.

PAR CONTRE, LA POLICE RAPPELLE LA LOI ET SON CRIME AINSI QUE LES PREUVES. LA JUSTICE A PARFOIS LE BRAS LONG.

UN MEMBRE DU JURY SEMBLE ÊTRE ÉBRANLÉ PAR LE DERNIER TÉMOIGNAGE...

AH, ME VOILÀ PERCHÉ SUR LE SIÈGE DE LA JUSTICE.

À VRAI DIRE, CE VILLAGE CONSIDÈRE LE CORBEAU COMME UN BON PRÉSAGE DE LA VIE.

PAS CETTE FOIS-CI.

HMMM...C'EST LOUCHE!...

LE TÉMOIGNAGE DE SA FILLE EST ÉMOUVANT... UN PÈRE ALCOOLIQUE, VIOLENT ET CRUEL...

LE FRÈRE DE LA VICTIME DIT AVOIR ASSISTÉ À LA VIOLENCE DE SON AÎNÉ ET QU'IL NE POUVAIT RIEN FAIRE D'AUTRE QUE D'OBSERVER LA SCÈNE.

OUAF! OUAF! OUAF!

GRRR...!!!

ALPHA! SAIS-TU CE QU'IL Y A DE LOUCHE?

...NON COUPABLE...

MALGRÉ TOUT, IL Y A EU MORT, DONC UN CRIME. MAIS CET HOMICIDE ÉTAIT INVOLONTAIRE PUISQUE LA VICTIME A AGI EN LÉGITIME DÉFENSE.

LA COUR DÉCLARE QUE LA SENTENCE D'EMPRISONNEMENT À PERPÉTUITÉ EST DONC COMMUÉE EN UNE PEINE MINIMALE DE QUATRE ANS.

ARTICLE 232, CODE 215 ET ARTICLE 236, CODE 219

QUE DEVIENDRA-T-ELLE ?

IL Y A PARFOIS DES CONDITIONS POUR ÊTRE LIBRE

QUATRE ANS PLUS TARD, LA MALICE ATTIRERA SON COMPLICE !...

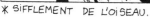
* SIFFLEMENT DE L'OISEAU.

JE NE PENSAIS PAS QUE DE SAVOIR LA VÉRITÉ ÉTAIT SI DIFFICILE À ACCEPTER...

ÇA C'EST LA RÉALITÉ ET LA VÉRITÉ EST TA PRÉSENCE AU CIEL.

JE ME SUIS FAIT BAISER PAR LE DIABLE, MERD... MERLE J'VEUX DIRE !

PAS VRAIMENT...

J'AURAIS PRÉFÉRÉ ÊTRE UN OISEAU QUE D'AVOIR À SUBIR ÇA !

SI CELA EST TON VŒU... SOIT !

IL VAUT MIEUX ÊTRE UN VOLATILE DÉPRAVÉ QUE D'ÊTRE COCU POUR L'ÉTERNITÉ.

FIN

DE RETOUR DE VACANCES.

HA! HA! HA! HA!

LÀ, VICTOR, LA FILLE S'EST MISE À TE HURLER **NICE, VERY NICE!**

WOO, JÉROME LES NERFS!

SALUT, LES MECS! J'PEUX-TU VOUS BUMER UNE CIGARETTE?

CRAC!

PAF! PAF! PAF!

TIENS SALUT, SIMON!

MOÉ AUSSI J'AI DORMI SUR UN BANC DE PARC CET ÉTÉ...

PAF!

COMMENCE PAR FAIRE TA B.D., NICHOLAS. TU PARLERAS DE L'ÉTÉ PLUS TARD...

PAF! PAF! PAF! PAF!

PIS TOI SYLVAIN?

PAF! PAF!

MOI, J'AI ARRÊTÉ DE FUMER...

VERY NICE!

ON RETOURNES-TU AU COURS?

LES NERFS!

WAAA...VOUS ALLEZ BIEN PRENDRE UNE AUTRE BIÈRE?

BONNE IDÉE RONAN

VICTOR + NICHOLAS (**PAF!**)

155